AF296407

PROCÈS

DE LA GRAND'ANSE

(MARTINIQUE).

—◆—

MÉMOIRE

POUR LES QUATRE-VINGT-TREIZE CONDAMNÉS,

SOUMIS

A la Cour de Cassation saisie de leur pourvoi,

AU GOUVERNEMENT, AUX CHAMBRES,

A LA NATION.

PARIS.

IMPRIMERIE DE DEZAUCHE,

FAUB. MONTMARTRE, N. 11.

—

OCTOBRE. — 1834.

PROCÈS

DE LA GRAND'ANSE

(MARTINIQUE).

MÉMOIRE

POUR

LES QUATRE-VINGT-TREIZE CONDAMNÉS.

« Malheureuse Martinique! terre privilégiée des supplices.
« En 1831, VINGT-SIX *conspirateurs* pendus en un seul jour!
« Aujourd'hui QUARANTE-UN condamnés à mort en un seul
« jour, *pour conspiration*! Colons imprudens autant qu'inhu-
« mains, vous démoralisez l'échafaud. » (p. 25.)

Nous écrivons pour l'histoire, en même temps que pour la
défense des condamnés ; car un pareil procès est un fait so-
cial immense, et qui ne passe pas inaperçu dans les an-
nales d'un peuple. Nous garderons la gravité qui sied à une
profonde douleur, la modération que n'exclut pas un vif et
légitime ressentiment de tant d'immolations ; mais aussi la
fermeté qu'exige cette défense pour ainsi dire posthume de
tant d'hommes condamnés à mourir sur l'échafaud, dans
les bagnes ou dans l'exil, et dont plusieurs, morts déjà
dans les prisons, ne verront pas l'issue définitive de ce procès.

CENT SOIXANTE-TREIZE individus mis en inculpation ;

QUATRE-VINGT-SEPT renvoyés devant les assises, subis-
sant des débats de trente jours, et pendant tout ce temps

traversant la ville de Saint-Pierre, menottés, attachés avec une corde qui passait du premier au dernier, environnés de la force armée, au milieu des cris de joie des blancs.

Puis, au jour suprême, en un seul jour, par le même arrêt :

Quinze condamnés à mort ;

Six aux travaux forcés à perpétuité ;

Vingt-cinq *jouissant du bénéfice de l'article* 100 *du Code pénal*, comme l'a dit M. le procureur-général Nogues, c'est-à-dire *exclus à perpétuité* de la colonie ; arrachés pour toujours à leur pays, à leurs femmes, à leurs enfans !

Le reste, ou condamnés à mort par contumace, ou placés sous la surveillance de la haute police.

Tous ruinés par la captivité, la séquestration de leurs biens et les frais énormes du procès.

Une commune entière, à laquelle appartenaient à peu près tous les inculpés, dépeuplée *par l'action de la justice.*

Ceux qui n'ont pas été frappés personnellement, obligés de s'expatrier.

Les familles fuyant aux îles étrangères, devant la terreur qui désole leur pays.

Une mère, une malheureuse mère restée seule avec ses huit enfans, veuve de son mari Léandre Barthélemy, condamné à mort par contumace ; veuve de son fils aîné Barthel, condamné à mort ; veuve de son second fils Sainte-Rose, mort dans les prisons ; veuve de son frère Misoly, condamné à mort par contumace ; veuve de son neveu Lorville, fusillé lorsqu'il cherchait à fuir !

Voilà la statistique effrayante que put dresser M. le procureur-général Nogues, en transmettant les pièces en France !

Faut-il, pour ajouter encore à ce tableau de désolation, rappeler les exécutions militaires qui suivirent l'arrestation de tous ces malheureux ? huit d'entre eux percés de balles à travers les grillages de leur prison sur l'habitation Bonafon ; la famille Maurice fusillée le 3 janvier, ou égorgée à la baïonnette, dans son domicile, pour avoir refusé de l'ouvrir, pendant la nuit, à la force armée ; partout des arrestations arbitraires, des actes de violence contre les personnes et les propriétés des mulâtres ; partout l'anathème aux vaincus, le *væ victis* des barbares et des sauvages.

Et aujourd'hui enfin, après toutes ces incontinences de la victoire, la réaction marchant toujours, grandissant d'excès en excès, arrivée aux déportations sans jugement, aux mises en surveillance de la haute police (1), n'attendant pour se déchaîner de nouveau que l'approbation de la métropole au procès de la Grand'Anse, devant sans doute alors accomplir cette imprécation d'un des persécuteurs : *Mulâtres, hâtez-vous ! le régne de Louis-Philippe est un pont qui s'écroule sous vos pas !*

Malheureuse Martinique ! funeste aveuglement de nos concitoyens égarés par un préjugé anti-social, qu'ils appellent *salutaire, essentiel, gage du repos des colonies assis sur l'opinion de la supériorité des blancs, les seuls que la métropole puisse avouer pour appartenir à la nation française.* (*Essais sur l'esprit des lois coloniales*, par M. de Bovis, propriétaire, ex-magistrat à la Guadeloupe, page 10.)

Quelle est la cause de tant de maux ? Un complot pour brasser mort aux blancs, *l'insurrection de la Grand'Anse !* ainsi qu'on a pompeusement qualifié cette affaire.

« Ah ! vous le savez, messieurs les colons, la classe de

---

(1) Par arrêté du 1er août dernier, le sieur Valery Agathe, propriétaire domicilié au Vauclin, vient d'être expulsé de sa commune, sous prétexte d'avoir troublé l'ordre par des provocations de duel, et mis *sous la surveillance de la haute police, à Fort-Royal, pendant un an.* Toutes les lettres récemment parvenues en France annoncent qu'une réaction des blancs se prépare pour le cas où le pourvoi en cassation serait rejeté.

« couleur que vous accusez sans cesse n'est pas conspira-
« trice ; si elle l'était, vous n'existeriez pas à l'heure
« qu'il est pour la persécuter et la décimer. Elle a voulu
« les droits que lui promettaient les anciennes lois de 1685
« et que lui garantissent les lois de 1833. Reconnaissante
« envers la métropole, envers cette France qui est aussi
« sa patrie, elle ne fera rien pour troubler la paix qu'elle
« est intéressée à maintenir ; et quand vous viendrez dire
« que mes commettans ont conspiré, vous me donnez le
« droit de vous répondre que vous êtes d'infâmes calom-
« niateurs. » (*Appel aux amis de l'humanité contre un
épouvantable arrêt*, par Fabien.)

Honneur au courageux mandataire ! à son éloquence
énergique ! Cette même conviction, si vive, passera, nous
l'espérons, dans tous les esprits, après le rapide examen
des faits qui va suivre.

I.

Les hommes de couleur n'ont pas conspiré.

Il y eut une prise d'armes dans le quartier de la Grand'-
Anse, pendant les journées des 25, 26 et 27 décembre,
tant par les blancs que par les hommes de couleur. Voilà
le fait patent. Quant au complot *des uns ou des autres*
avant la prise d'armes, fait occulte de sa nature, il devait
être prouvé. L'a-t-il été ?

Le complot des blancs ? non vraiment, ce n'était pas la
tâche de l'accusation. C'est la nôtre ; elle sera remplie.

Le complot des hommes de couleur ? ah ! sans doute la
preuve en a été faite, nous le voulons croire à l'avance
sans examen des indices. Cette classe n'est-elle pas reconnue en état de conspiration permanente ! Est-il bien diffi-
cile dans une cour d'assises coloniale, devant des asses-

seurs choisis exclusivement parmi les blancs, de faire croire aux complots des mulâtres. M. le procureur-général Nogues vint annoncer qu'un esclave avait révélé la conspiration, et elle fut prouvée (1).

La conspiration de Catilina fut ainsi découverte par un esclave, et le sénat romain récompensa le sauveur de la république, en lui donnant la liberté. Cette fois, l'esclave et son maître (M. Fortier) furent moins heureux, car ce dernier fut poursuivi par le procureur du roi *pour avoir semé dans le public le faux bruit d'un complot.*

M. Desabayes lui-même, premier dépositaire de la révélation, déclare dans sa lettre précitée *que l'invraisemblance d'une telle déclaration, faite par le mulâtre à un nègre inconnu, la rendait si suspecte, qu'il était presque inconvenant d'en instruire l'autorité.*

Voilà pourtant les preuves de l'accusation ! Ajoutons-y quelques propos d'un autre esclave appelé Luc, au sujet d'un incendie qu'il aurait allumé le 2 novembre, pour signal d'une insurrection qui devait éclater alors ; des *on dit* recueillis dans les colonies voisines, où se serait répandu par avance la nouvelle du massacre général des blancs à la Martinique ; enfin, une lettre *sans adresse, sans date ni signature, mais reconnue être en entier de la main de*

---

(1) Voici cette révélation comme elle est rapportée dans la lettre du commandant Desabayes :

« L'esclave se trouvant au bord de la rivière Capot le 15 septembre, avait « été accosté par un mulâtre à lui inconnu, qui lui avait demandé s'il ne « serait pas bien aise d'être libre. Le nègre ayant répondu : oui, si c'était « possible ; le mulâtre lui dit que mardi à huit heures du matin il devait y « avoir un soulèvement général à Saint-Pierre et dans tous les quartiers de « l'île ; que tous les blancs devaient être égorgés, et que la Martinique serait « mise dans le même état que Saint-Domingue ; qu'il venait de la Grande-« Rivière, et que tout était prêt pour ces événemens ; qu'il l'engageait à se « préparer aussi bien que ses camarades à coopérer à cette action. Puis le « mulâtre continua son chemin par la Grand'Anse. »

Rosemond, premier instigateur du complot, relative à des préparatifs d'insurrection. Tel est le fragile échafaudage d'une accusation capitale dirigée contre cent soixante-treize prévenus.

Ce complot, au reste, n'aurait eu de valeur que par de nombreuses ramifications qui l'auraient étendu à tous les quartiers de la colonie. N'oublions pas que son but annoncé à chaque page de l'accusation était *de massacrer toute la population blanche, et de faire de la Martinique un autre Saint-Domingue.* Eh bien! le seul quartier de la Grand'Anse s'est levé; tous les autres sont restés dans la plus complète immobilité. L'émeute causée à Saint-Pierre par l'arrestation du sieur Léonce était entièrement étrangère au mouvement insurrectionnel; c'est ce que les dépositions ont établi, notamment celle du sieur Félicien Goth. Et dans le cercle étroit où *l'insurrection* s'est circonscrite, maîtresse du pays pendant trois jours, armée pour un massacre général, *pas un blanc n'a péri! pas un n'a été tué ou blessé!* Mensonge, que ce complot de sang imputé à des hommes qui n'en ont pas versé! qui, l'épée sur le flanc de leurs oppresseurs, firent merci au déloyal et cruel ennemi qui devait, l'instant d'après, les fusiller dans leur prison!

Non, les hommes de couleur de la Grand'Anse n'ont pas conspiré.... Et pourtant quel compte n'avaient-ils pas à demander de leurs longues oppressions! Quels griefs, quels motifs légitimes peut-être, pouvaient les pousser à l'insurrection!

Les blancs du quartier de la Grand'Anse ont acquis entre tous les autres une triste célébrité par leurs persécutions plus ardentes en cette localité que partout ailleurs. Ils furent en 1823 les principaux promoteurs des proscriptions de cette époque. Ils déclaraient alors dans une adresse au gouverneur Donzelot *qu'ils ne consentiraient jamais à modifier le système qui a régi leurs pères, ni à re-*

connaître pour leurs égaux les hommes de couleur. Aussi n'est-il pas de vexations systématiques que ces derniers ne subissent.

Il en est qui se renouvellent chaque jour, notamment le refus des passages nécessaires pour l'exploitation de leurs propriétés, sur les habitations des blancs, et les amendes dont on frappe incessamment ceux qui usent de leurs droits acquis par titres ou par possession immémoriale.

Vainement aussi les nouvelles lois déclarent les hommes de couleur égaux en droits civils, civiques et politiques avec les blancs. Les colons de la Grand'Anse, conspuant ces lois décrétées par la mère-patrie, décrétaient eux aussi qu'ils ne voteraient jamais avec *des mulâtres* dans les colléges électoraux, et qu'ils ne les reconnaîtraient jamais pour officiers dans les milices.

A quelque temps de *l'insurrection*, le sieur Auguste Eugénie, propriétaire à la Grand'Anse, soutint la lutte avec courage. Fort de son droit, il ne craignit pas de réclamer son inscription sur les listes du troisième collège, où il était seul d'hommes de couleur; tant il y a de réalité dans les droits politiques conférés à cette classe! Un sieur Eyma produisit des certificats de complaisance dépréciant jusqu'au dessous du cens les propriétés de l'électeur *intrus*, et fit rendre par le directeur de l'intérieur un arrêté en date du 2 octobre, portant radiation. Mais la Cour royale fut saisie, et par arrêt du 25 même mois, ordonna le rétablissement sur la liste de l'électeur rayé par pure vexation. Cette persistance, cette audace même à prétendre voter avec les blancs, ne furent pas oubliées. Auguste Eugénie, aujourd'hui expatrié et condamné à mort par contumace, fut désigné dans la proclamation du gouverneur, avant toute information, comme chef du complot avec Rosemond.

Vers la même époque, un blanc de la Grand'Anse, le

sieur Lasserre, se livrait aux violences les plus révoltantes envers les hommes de couleur. Le dimanche 4 août, se trouvant spectateur d'une explication entre un autre blanc et le sieur Salomon Laboulique, l'un des condamnés, il avait voulu y prendre part active; il *avait reproché sa patience* à l'autre blanc, et s'était livré, armé d'un sabre, à des insultes, à des menaces, à des provocations. Ces faits résultent ainsi de la déposition de M. Marraud, commissaire-commandant (au procès de Césaire). Salomon et ses amis, si rudement outragés, avaient évité cependant de faire éclat; en se retirant, mais le lendemain, des réparations furent demandées à Lasserre. Fréjus et Lorville étaient chargés *d'arranger l'affaire*, si elle pouvait se terminer autrement que par une rencontre. A peine s'étaient-ils présentés chez le provocateur, annonçant l'objet de leur visite; je m'y attendais, répond celui-ci, « et voici « l'accueil que je me réservais de faire à quiconque serait « assez insolent pour me proposer un duel avec *un mu-* « *lâtre.* »

Le malheureux Fréjus fut aussitôt assailli par un adversaire furieux, beaucoup plus robuste que lui. « Il me prit « au collet d'une main, et de l'autre me donna deux coups « de poing dans la figure, en criant, donnez-moi mon « bâton. Sa femme le lui apporta, et il m'en asséna une « grêle de coups, malgré mes supplications, telles que celles- « ci : Monsieur, de grâce écoutez-moi. Il n'en tint compte, « et en me frappant toujours, il demandait son fusil, « appelait son atelier. Je criai au secours, mais il me ren- « versa, et étant sur moi, il prit une pierre dont il me « frappa un coup entre les deux yeux. Sa femme lui dit, « ne le tuez pas !....... » (Plainte de Fréjus, aux pièces du procès Césaire).

Quant à Lorville, il eût été assassiné non moins cruellement, si des tiers, notamment le sieur Marcelly, ne s'étaient opposés aux violences de Lasserre envers cette seconde victime.

Les témoins Marcelly, Adolphe, Olive, Ducoudray, ont déclaré avoir vu Fréjus dans la cour de Lasserre, le visage en sang, les vêtemens déchirés et ensanglantés. (Voir leurs dépositions aux pièces du procès Césaire.)

Enfin, un certificat en date du 19 août, donné par un médecin, à la réquisition du procureur du roi, constate les nombreuses blessures de cet infortuné. (Aux pièces du procès Césaire).

Infortunés tous les deux! l'un est mort dans les prisons des suites de ce meurtre; l'autre a été fusillé prisonnier. Heureux peut-être cependant de cette mort anticipée, puisqu'ils étaient promis à l'échafaud.

Une procédure fut instruite contre Lasserre, mais il est resté impuni. Auparavant, il avait mis le feu à l'habitation d'un noir libre, et brûlé ce malheureux avec sa cabane. Il en fut quitte pour une simple amende : « La bien-« séance ne *permet pas de mettre le blanc à côté des noirs* « *dans le rang des châtimens.* » (Extrait de la brochure déjà citée de M. de Bovis, p. 34).

Bien mieux, le sieur Lasserre eut aussi son complot contre lui personnellement tramé, *une conspiration contre sa vie.* Ainsi fut qualifiée l'accusation portée dans le mois de décembre contre Césaire, jugé quelques jours avant *l'insurrection.* Lasserre faisant route la nuit du 5 au 6 août, entre deux dragons de milice, le cheval d'un des dragons avait été abattu par un coup de feu. On n'eut sur cet incident nocturne aucunes lumières. Y avait-il eu tentative d'assassinat? quels pouvaient en être les auteurs? on ne savait absolument rien. Il était même une circonstance fort embarrassante et très-suspecte. Le cheval avait deux blessures, l'une au col, et perpendiculaire; l'autre au genou. La première ne pouvait avoir été faite que par le cavalier lui-même, ivre ou effrayé, en tirant maladroitement son pistolet de l'arçon. Devait-on alors attribuer le coup de feu entendu et le meurtre du cheval, au dragon qui le montait, ou à un malfaiteur embusqué sur son passage? En un mot, y avait-il un crime? L'instruction n'a donné aucune lumière suffisante sur ce point fondamental.

Quoi qu'il en soit, un coupable fut trouvé pour porter le poids d'un procès. Ce fut un jeune homme appelé Césaire, dont les facultés sont peu développées, timide, le moins propre à conspirer ; et qui, interrogé, ne fit aucune difficulté d'avouer un fait assez simple en lui-même, sa présence sur les lieux où le crime supposé avait été commis.

C'était là un indice tellement insignifiant, qu'aux assises, où Césaire fut traduit, il fut impossible de le reconnaître *auteur* de la prétendue tentative d'assassinat; et il n'était accusé que d'en être l'auteur. Son acquittement paraissait donc assuré. Mais une question de *complicité par aide et assistance* fut posée comme résultant des débats, et *attendu*, dit l'arrêt rendu sur cet incident, *que Césaire s'est trouvé, soit sur les lieux, soit proche des lieux où le crime a été commis*. Répondant ensuite à cette question, la Cour le déclara coupable comme complice, attendu qu'il s'était trouvé sur le lieu du crime, ou à côté, et le condamna à la peine capitale!

Cette condamnation, alors que les meurtres bien réels, bien constatés de Lasserre, avoués même par lui dans l'information, restaient impunis, ne put être accueillie par la classe de couleur qu'avec une indignation égale à la reconnaissance qui accueillera l'arrêt de cassation naguère rendu dans cette affaire par la Cour suprême.

Tels étaient, vers la fin de l'année 1833, les griefs de cette classe que nous avons dû consigner encore ici pour fixer l'opinion publique. Ainsi, traquée sur les habitations des blancs qui doivent passage, éliminée des colléges électo-

raux, outragée, meurtrie impunément, exposée à des condamnations capitales, comme celle de Césaire, la population de couleur n'était pas sans doute animée de sentimens
bienveillans envers ses persécuteurs; ce serait exiger trop
de la nature humaine; mais pourtant ils ne conspiraient
pas. Ils ressentaient vivement leurs injures, mais ils en
attendaient la réparation légale; ils envoyaient des députés
auprès du gouverneur pour demander justice et protection, pour obtenir la révocation du commandant Desabayes,
fauteur ou complice de leurs persécutions. Le gouverneur
était aveugle au point de leur refuser son assistance, en les
traitant de *mauvais sujets* !

II.

Provocation et conspirations des blancs.

On vient de voir quelles étaient nécessairement les dispositions des hommes de couleur. Une population paisible
avait été amenée à ce degré de souffrance et dé désespoir
qui est bientôt au-dessus des forces de l'homme, qui exas-
père, qui permet encore de respecter l'ordre public et les
lois, mais qui ne permet plus d'apercevoir un piége tendu.

Quelques désordres avaient suivi la condamnation de
Césaire, causés par un attroupement tumultueux qui se
porta aux domiciles des sieurs Rosemond et Adolphe, auteurs supposés *du complot contre la vie de Lasserre*,
d'après quelques indications de Césaire terrifié par sa condamnation. On brisa les meubles; on saisit les papiers,
en vociférant des injures et des cris de mort aux mulâtres.

Ces désordres, ces tumultes, l'émotion des hommes de
couleur à la vue de ces nouveaux excès, l'agitation qui
suivit dans les journées des 22 et 23 décembre (Césaire
avait été condamné le 21), sont aussitôt habilement ex-

ploités. Le bruit *d'un complot de mulâtres*, bruit toujours si facilement accueilli, est répandu dans le quartier. Tous les blancs, ajoute-t-on, vont être massacrés !....... Que font-ils, ces blancs menacés de mort? Ils ne courent pas à Saint-Pierre, à Fort-Royal, chercher secours et protection auprès des autorités, dont ils ne sont pas, eux, repoussés dédaigneusement. Ils se rendent en armes, le 24, sur l'habitation Bonafon, que l'acte d'accusation décrit comme position militaire avantageuse *par sa situation à la limite du quartier et à la proximité de Saint-Pierre, par sa position retranchée sur un morne élevé, et la disposition favorable de ses bâtimens.*

Là, sur cette forteresse, le drapeau blanc fut arboré..... Ce fait, publié depuis long-temps en France, n'a pas même été démenti dans les rapports officiels. Plusieurs témoins en ont déposé devant la cour d'assises. Les condamnés par coutumace, dans une lettre qui nous est adressée, l'affirment à plusieurs reprises et le mentionnent comme cause immédiate de la formation d'un camp par les hommes de couleur. Les condamnés mêmes qui furent présens aux assises, et dont la vie est aujourd'hui entre les mains de leurs ennemis, ne craignent pas néanmoins de dévoiler hautement les particularités relatives à cette circonstance grave de l'affaire (1).

Cependant, à l'aspect du camp des colons en armes et

(1) Voici leur attestation récemment parvenue en France :

« Nous soussignés, détenus dans la prison civile du Fort-Royal en vertu « d'un arrêt de la cour d'assises de Saint-Pierre, en date du 30 juin 1834, « déclarons par ces présentes qu'il a été de notoriété publique qu'un *dra- « peau blanc* avait flotté dans le camp Bonafon pendant les journées de « décembre 1833. Cette déclaration n'a pas été faite à la justice par nous, « parce que M. le conseiller instructeur a REFUSÉ de consigner cette partie « de notre déclaration; et en outre, nos défenseurs ont EXIGÉ que nous gar- « dions le silence sur ce fait, ajoutant que la défense déserterait la cause si « mention était faite du *drapeau blanc.* Nous persistons donc à affirmer faisant des démonstrations belliqueuses, l'alarme se répand parmi la population de couleur. Les feintes terreurs des blancs réagissent toutes vraies et toutes fondées sur les mulâtres ; ils croient à leur tour, et puissent-ils s'être trompés, qu'on veut les massacrer tous. « *On disait que les* « *blancs se réunissaient pour marcher sur les hommes de* « *couleur.* » Telle est la déclaration qu'on trouve à chaque page de l'instruction. Ils se lèvent donc ; ils prennent les armes, les gardent pendant trois jours, et les déposent à la première injonction de l'autorité qui d'ailleurs leur promet amnistie. Voilà toute CETTE INSURRECTION DE LA GRAND'ANSE ! ce fut une prise d'armes semblable à bien d'autres, quoique avec un plus grand développement. Ces préliminaires de conflit, dus aux paniques respectives des blancs et des mulâtres, ne sont que trop ordinaires aux colonies.

Pour qui connaît ces contrées, c'est un fait remarquable que les palpitations incessantes de la population blanche, et celles toutes pareilles de la population noire. Profondément divisées par l'antipathie instinctive des castes, elles sont, l'une à l'égard de l'autre, sur un *qui vive* perpétuel. Voici comment cet état de société maladive est décrit par un fonctionnaire qui exerça de hauts emplois à la Martinique. « Ils (les blancs) se comptent chaque jour ; leur « effectif est d'*un à douze* par rapport aux esclaves, et d'*un* « *à trois* à l'égard des hommes de couleur libres. Ils se « créent des appréhensions fantastiques, ils suspectent les

« que cet *insigne de la réaction blanche* manifestée dans la commune de « la Grand'Anse, a été *vu par nous* au camp Bonafon.

« Fort-Royal, le 7 juillet 1834.

« *Jean-Baptiste Agricole, William Richard, Jean-Bart*
« *Martine, Barthelemy fils, Raphaël Gaillot, Daniel*
« *Rosalie, Saturnin Chatenay, Lucien Sainte-Marthe,*
« *François Théodose, Joseph-Alexandre, François*
« *Casimir, Anicète-Michel* ».

« intentions des mulâtres, les accusent, les accablent de
« leurs dédains, lorsqu'ils leur doivent de vivre encore,
« puisque sans la participation de ceux-ci dans la lutte
« contre les révoltes des nègres, la classe blanche aurait
« déjà subi, à la Martinique, le sort des créoles de Saint-
« Domingue. » (*Quelques mois de l'existence d'un fonctionnaire public aux colonies*, par Ch. Boitel.) Les mêmes
dispositions sont communes, par réciprocité nécessaire,
aux hommes de couleur; avec cette différence, que chez
ceux-ci l'oppression qu'ils subissent irrite et justifie la cré-
dulité. De là des fréquentes alertes, ces terreurs subites,
irréfléchies, qui émeuvent si souvent les habitans des colonies, et leur mettent les armes à la main aux uns contre
les autres.

La prise d'armes des hommes de couleur de la Grand'-
Anse ne fut, on le répète, qu'une de ces échauffourées de
la peur, et elle fut évidemment provoquée par les blancs,
par leur retraite au camp Bonafon, par leur drapeau sédi-
tieux.

Un fait, preuve éclatante, et de ces machiavéliques provocations, et de leur profonde perversité, c'est l'ordre
donné aux miliciens de couleur, le 25 décembre, l'*insurrection* déjà flagrante, de se réunir; et, à cet effet, de se rendre
en armes sur l'habitation du *Fond-Brûlé*, auprès du capitaine Duhamelin, ou, à son défaut, auprès du sieur Dieu-
donné-Valmont, lieutenant. Le premier ne se trouva pas
chez lui; il était au camp Bonafon. On fut chez le second,
qui donna le conseil de ne pas se présenter à ce camp, et
s'y rendit seul, porteur, dit l'accusation, des propositions
des *insurgés*. Il n'en devait pas revenir. On apprit quelque temps après, par un messager, *que le commandant du
camp refusait de l'en laisser sortir*, en déclarant qu'on
n'avait pas besoin de *mulâtres*, et qu'ils seraient fusillés s'ils
approchaient. L'alarme et la confusion se mirent parmi

tous ces hommes *armés*, abandonnés de leurs chefs. Leurs sous-officiers, exerçant sur eux un commandement légal en vertu de l'ordre qu'ils avaient reçu, furent plus tard proclamés *chef de l'insurrection*, notamment Auguste Eugénie. C'est ainsi que bon nombre de miliciens se trouvèrent compromis dans cette déplorable affaire. Ils l'attestent, en faisant appel à tous les sentimens d'honneur que les passions coloniales n'ont pas étouffés chez leurs ennemis.

Du reste, les conditions que l'accusation reproche aux hommes de couleur d'avoir prétendu dicter, quelles qu'elles fussent, témoignent irrécusablement de leur désir d'éviter un conflit. Mais il était trop tard...... Pris au piége, ils étaient des *insurgés*, des *conspirateurs;* et sans doute le moment était venu d'*en finir avec eux*....

Les blancs ont souvent comploté le massacre des hommes de couleur. Nous rappellerons, entre autres, leurs conspirations de 1828, à l'époque où furent mises en vigueur les ordonnances qui introduisirent la première réformation du régime colonial. Nous puisons dans des documens qui serviront un jour à l'histoire des colonies.

M. Boitel, dans son livre déjà cité, rappelle que la Cour royale de la Martinique, alors entièrement composée de créoles, jeta le premier cri d'alarme contre les nouvelles ordonnances, par la démission de tous ses membres. Puis, il ajoute : « La classe blanche ne s'était pas arrêtée à cette « manifestation de résistance, et afin de prévenir l'accom- « plissement de l'œuvre ministérielle dans ses combinai- « sons philantropiques en faveur des deux classes oppri- « mées, *on avait décidé le massacre des mulâtres, après* « *avoir déterminé les révulsifs de provocation au moyen* « *desquels on devait les attirer dans le piége, pour leur at-* « *tribuer l'initiative du commencement des hostilités ; et* « *établir en même temps la justification de leur destruc-* « *tion.* La magistrature métropolitaine n'avait pas échappé

« à la proscription ; » (ce qu'on a bien vu depuis, par les mesures violentes prises contre beaucoup de ces magistrats, notamment contre M. Hermé-Duquesne, embarqué *pour avoir dîné avec des hommes de couleur.....*) « La fer-« meté de caractère du général Barré avait été une digue « contre laquelle avaient échoué les complots de révolte, de « vengeance ; et pourtant l'exaspération des blancs s'était « encore accrue par suite de la nomination d'une Cour « royale provisoire, en remplacement des créoles démis-« sionnaires. On s'enhardissait dans la machination d'en-« treprises criminelles ; *on épiait le moment d'agir ; on* « *avait tout prévu, jusqu'à la distribution des mots d'ordre.* « On n'attendait plus que l'occasion pour donner le signal « de la révolte. ».

Un autre témoin occulaire, M. le comte de Ruffo-Lafare, neveu du cardinal de ce nom, capitaine à l'état-major de la Martinique, a constaté les mêmes faits. « Plusieurs « jeunes gens, dit-il, avaient résolu de provoquer des « scènes sanglantes *le jour de la Saint-Charles*, et de trou-« bler ainsi cette fête de tous les bons Français (l'auteur « écrit en 1829). Par bonheur, un jeune magistrat qui, par « son courage, sa fermeté et ses talens, saura encore ajou-« ter à l'éclat de son nom, M. Beanausset de Roquefort, pro-« cureur du roi au Fort-Royal, fut averti à temps, fit pren-« dre des mesures qui prévinrent le désordre, et les hommes « de couleur furent laissés en paix. » (Lettres à un membre de la Chambre des députés, sur les colonies françaises.)

Il serait inutile d'accumuler les témoignages, bien que, dans cette affaire, nous aimions à citer beaucoup, par dé-fiance de nous-mêmes. Mais qui ne sait les complots per-manens des blancs? Qui ne les voit? Ils conspiraient en 1828, aux premiers symptômes d'amélioration qui se manifestèrent alors; depuis la révolution de juillet, ils conspirent encore, se dressant plus hostiles que jamais contre une réforme plus radicale, contre le principe de l'égalité.

Qu'était-ce donc que ce camp Bonafon; cette insurrection des blancs de la Grand'Anse, vraie celle-là; ce drapeau anti-national, ces préparatifs de guerre, tout semblables aux préparatifs du massacre tant de fois prémédité; ces refus du concours des miliciens de couleur qu'on avait commandés; l'absence des autorités supérieures; tous ces guet-apens, visibles enfin à tous les yeux, qu'était-ce?

Les mulâtres ne devaient plus, évidemment, attendre de salut que de leur courage. Ils durent s'armer pour leur légitime défense. Ce fut leur premier soin. L'accusation leur reproche de nombreux vols d'armes et de munitions : c'est qu'en effet ces conspirateurs, qui avaient formé le complot d'exterminer tous les blancs et de faire de la Martinique un autre Saint-Domingue, n'avaient pas même songé aux moyens de tuer et de combattre, et furent réduits, en s'insurgeant, à s'emparer ici d'un sabre, là d'une poire à poudre.

Ces armes qu'ils avaient dû prendre pour leur sûreté, ils les portèrent, ou plutôt on les leur laissa pendant trois jours, durant lesquels ils commirent, selon l'accusation, en parcourant le quartier dans tous les sens, des vols, des pillages, des incendies. Les hommes d'impartialité remarqueront du moins que les blancs, retranchés au camp Bonafon, ne purent voir commettre tous ces crimes sur leurs habitations; et c'est pourquoi, sans doute, on a cru devoir joindre aux pièces de nombreux procès-verbaux qui en attestent la matérialité, mais sans pouvoir en faire connaître les véritables auteurs. Du reste, aucun attentat contre les personnes : *pas un blanc de tué ni de blessé*, nous le répétons encore, lorsque pourtant on s'était insurgé pour les massacrer tous, et que pendant trois jours on eut les armes à la main.

On les déposa le 27 décembre, *à la première rencontre de l'autorité, à sa première sommation;* car ce jour-là enfin, l'autorité fut visible et présente au milieu d'un si grand désordre qui, depuis si long-temps, appelait son intervention.

Ce jour-là, enfin, des troupes de ligne, sous le commandement du capitaine de Montigny, et les miliciens de Saint-Pierre, sous les ordres du sous-lieutenant Télèphe, envoyés, non pas du camp Bonafon *qui laissait faire*, mais du Fort-Royal et de Saint-Pierre, par le gouverneur, se trouvèrent en présence des hommes de couleur, près de l'habitation Marraud. Le capitaine de Montigny leur envoya aussitôt, pour les sommer de se rendre, un sous-lieutenant avec seulement *vingt hommes* de ligne (il n'en avait que trente), et les miliciens de couleur de Saint-Pierre, commandés par le sous-lieutenant Télèphe. Ici nous copions textuellement l'arrêt de renvoi : « Le lieutenant Cheva-« lier s'approche à soixante pas du front de la ligne, *sans* « *y remarquer le moindre signe d'hostilités*, et leur crie « deux fois : Bas les armes! en accompagnant sa voix du « geste; *à la première sommation, la plus grande partie* « *jeta ses armes, sans quitter la place.* Le capitaine de « Montigny voyant qu'un grand nombre d'entre eux les « conservait encore, accourt *seul*, au galop, et les somme « de se rendre, AU NOM DU GOUVERNEUR ; *assurant, au dire* « *de ceux qui se trouvaient à portée de l'entendre, car il* « *n'a pu se rappeler les expressions dont il s'est servi*, QU'IL « NE LEUR SERAIT RIEN FAIT...... Aux paroles du capitaine, « Jean-Bart, tenant un sabre de cavalerie à la main, sort « du rang et dit : Commandant, ne tirez pas ; puis, se tour-« nant vers les siens, s'écrie : Allons, mes amis, mettons bas « les armes. Aussitôt le reste de la bande jette ses armes...»

Telle fut la facile victoire après laquelle les blancs du camp Bonafon osèrent crier malheur aux vaincus! Les *révoltés* avaient jeté leurs armes *au nom du gouverneur, à*

la première sommation d'un commandant de la force publi-
que. C'est qu'en effet ils n'avaient pas, eux, arboré le drapeau blanc ; ils ne s'étaient levés que pour leur défense, et
seulement contre leurs oppresseurs. L'intervention tardive
du gouvernement semblait pourvoir désormais à leur sûreté. Ils se confiaient dans sa protection et dans ses promesses.

Aveugle confiance ! Au mépris de l'amnistie promise, au
mépris de l'honneur français, ils furent enveloppés, saisis,
chargés de liens, plongés dans les cachots, réservés pour
les *assises extraordinaires* où l'on a demandé les QUATRE-
VINGT-SEPT TÊTES de ceux qui devaient figurer dans cette
véritable hécatombe.

On ne trouverait peut-être pas d'exemple, même chez
les nations les moins civilisées, d'une amnistie aussi indi-
gnement violée. Malgré les termes embarrassés de l'arrêt
de renvoi rapportés plus haut, on voit que l'accusation
même n'a pu dissimuler ce fait si grave. Elle n'a pu se
taire complètement non plus sur les pleins pouvoirs que le
capitaine de Montigny avait reçus du gouverneur pour
proclamer en son nom l'amnistie qu'il promit, car on lit,
page 48 de l'arrêt de renvoi : « Le capitaine de Montigny,
« envoyé par le commandant militaire, *d'après les ordres*
« *spéciaux du gouverneur, pour rétablir la tranquillité dans*
« *le quartier, par tous les moyens qu'il jugerait conve-*
« *nables,* était arrivé à la tête de trente hommes, etc. »

Ainsi l'amnistie avait été solennellement proclamée au
nom du gouverneur, par un chef militaire investi de pouvoirs suffisans, lorsque les *bandes,* se trouvant en présence
de la force publique, furent sommées de mettre bas les
armes. C'est peu ; *on l'avait auparavant proclamée dans*
tout le quartier de la Grand'Anse ; en parcourant les ha-
bitations, et promise à tous les hommes de couleur qui dé-
poseraient leurs armes dans la journée du 27. C'est ce qui

est attesté par le lieutenant Télephe, porteur aussi de la
promesse d'amnistie aux *bandes* armées, qui a si puissam-
ment contribué au rétablissement de l'ordre et de la paix
dans la commune de la Grand'Anse, et qui fut, après les
événemens, promu à son grade actuel par le gouverneur,
en récompense de ses services (1).

III.

Les faits qui ont fourni matière au procès seront connus
désormais. Nous venons de les retracer, en nous appuyant
sur des témoignages qu'on ne peut récuser, le plus souvent

(1) Cet officier, actuellement en France, vient d'adresser une lettre à M. le
ministre de la marine et des colonies, comme témoin oculaire des faits, et
pour les rétablir dans leur vrai caractère, altéré par les communications offi-
cielles.

Il affirme que, ayant été appelé le 26 décembre 1833 par le colonel Rosto-
land, commandant en second de la colonie, pour commander trente miliciens
de couleur qui devaient être dirigés sur la Grand'Anse, ce colonel lui dit
que sa mission, pénible et délicate, était toute pacifique, et que, sous les ordres
du capitaine de Montigny, il allait rappeler à leur devoir des hommes égarés.

La milice de couleur de Saint-Pierre, par l'organe de MM. Delmont et
Ruffy, s'offrit de marcher en masse pour rétablir l'ordre ; mais, soit par
l'effet de préventions personnelles, soit à cause des ordres reçus de son su-
périeur, le colonel répondit qu'il ne voulait avoir que trente hommes.

Parti de Saint-Pierre avec vingt hommes de couleur, le détachement du
lieutenant Télèphe fut augmenté de dix autres miliciens de couleur, appar-
tenant à la commune de la Grand'Anse, sur laquelle ils étaient dirigés. *Le
capitaine commandant proclama à haute voix, en parcourant les habitations de la Grand'Anse, qu'une amnistie pleine et entière serait faite
aux hommes qui déposeraient les armes dans le courant de la journée
du 27. Autorisé par lui à faire connaître cette amnistie, le lieutenant
s'empressa d'en faire part aux hommes de couleur, qui, à l'imitation
des colons blancs, avaient formé un camp.*

Lorsque les hommes de couleur eurent connaissance de l'amnistie, ils
mirent, en signe de paix, des branches d'arbres au bout de leurs fusils ; et se
rendirent aux sommations du capitaine de Montigny, qui les fit conduire au
camp Bonafon. Là, les colons demandèrent que les amnistiés fussent jugés
sur les lieux par un conseil de guerre ; mais le lieutenant Télèphe *rappela
au capitaine Montigny les promesses qu'il lui avait faites. Il demanda
aussi à M. le gouverneur, arrivé sur les lieux, l'exécution de l'amnistie*

sur l'accusation elle-même, et sur les pièces transmises à la cour de cassation.

Ce qui suivit, que sert de le rappeler ? L'humanité, la civilisation, l'honneur national ne peuvent qu'en gémir.

Tous ces malheureux qui pouvaient vendre chèrement leur vie, mais qu'on avait désarmés par de fallacieuses promesses, furent enchaînés et conduits au camp Bonafon, c'est-à-dire livrés à leurs ennemis dont l'insurrection restait impunie.

Trois voulant fuir, Lorville, l'un d'eux, fut tué par les balles des soldats, un autre blessé. (Arrêt de renvoi, pag. 51.)

Au camp Bonafon, renfermés dans la case à farine, où ils restèrent dix-sept heures sans alimens, dévorés de soif, étouffant de chaleur, se pressant aux fenêtres pour respirer, une décharge fut faite sur eux à travers les grillages de leur prison : huit furent tués ou blessés par les balles des soldats (1).

promise en son nom. Celui-ci répondit que le capitaine Montigny avait outrepassé ses pouvoirs. Cependant il est dit, page 48 de l'acte d'accusation, que le capitaine était chargé de *rétablir la tranquillité dans le quartier par tous les moyens qu'il jugerait convenables.*

Tous ces faits, avec des détails plus circonstanciés encore, ont été de nouveau déclarés et affirmés par M. Télèphe devant M. le directeur des colonies, le 17 octobre, en présence de M. Fabien.

(1) RÉCIT *de M. Joseph Albert, habitant de la Basse-Pointe, déporté de la Martinique par ordre du général Donzelot, en 1823.*

« Deux gendarmes, commandés par le brigadier Desmanges, me présentèrent un mandat d'arrêt ; ils m'arrêtèrent chez moi le 27 décembre, et me conduisirent au camp Bonafon. Là, je fus enfermé dans la case à farine pendant quatre jours avec d'autres prisonniers. Le procureur-général (M. Arsène Nogues) me fit amener vers lui, me dit qu'une servante à M. Bénotie, officier civil, m'accusait d'avoir tenu des propos. Je répondis qu'elle en imposait. Cela n'empêcha pas qu'il me fît reconduire dans la prison. *Le jour que M. Montigny commanda de faire feu sur nous, je fus blessé d'une balle à la jambe gauche.* Trois jours après, on nous conduisit à Saint-Pierre ; blessé que j'étais, on m'attacha sur le dos d'un mulet, ce qui m'occasiona de nouvelles blessures. Mes souffrances furent telles que je suppliais de me fusiller.

Enfin, après six mois d'une captivité dont les souffrances ont tué six d'entre eux, on leur fit ce procès où furent entassés des hommes libres et des esclaves, des femmes, des enfans. On les traduisit devant des *blancs* assemblés pour juger des *mulâtres*, devant des *maîtres* assemblés pour juger des *esclaves*. On fit entendre contre eux deux cent cinquante-six témoins, presque tous parties intéressées à raison des dommages causés à leurs habitations, ou esclaves de ces parties intéressées; et on demanda leur tête, *à tous, quatre-vingt-sept qu'ils étaient;* puis après, celle des contumax.

Ce qu'on obtint, nous l'avons dit en commençant, et le courage nous manque à le répéter.

Tant de condamnations furent prononcées, tant d'accusés étaient là, que la justice elle-même ne sut plus les reconnaître, et que l'un d'eux, le sieur Jean-Baptiste Gertrude,

Arrivé à Saint-Pierre, on me descendit du mulet. Un blanc, qui se trouvait là, tira si fort la corde qui me liait les jambes que je perdis connaissance. J'ai été pendant trois mois et neuf jours en prison, traité d'un manière abominable, nourri avec de la morue salée et du pain. Le 14 mars, un blanc, que je ne connais pas, est venu me dire de sortir de la geôle; je lui ai répondu que je voulais être jugé; il insista, alors je sortis de la prison, mais infirme. On avait tellement serré les menottes en me les mettant, que les os de mes bras ont été attaqués. La méchanceté des blancs m'a privé de l'usage de mes membres. Sans fortune, ruiné précédemment par la déportation de 1823, me voici aujourd'hui infirme pour le reste de mes jours.

« Pendant qu'on me traitait ainsi, le commandant délivrait à ma femme le certificat ci-joint, et qui s'arrête à la date du 26 décembre, calcul pour ne pas entraver la marche politique de l'affaire de la Grand'Anse.

« Au Fort-Royal, le 19 avril 1834.

« *Signé* Joseph ALBERT. »

« Nous soussigné, commissaire commandant la commune de la Basse-Pointe, certifions que, *jusqu'au 26 décembre dernier,* il ne m'était rien parvenu de défavorable au sieur Joseph Albert. En foi de quoi nous lui avons délivré le présent.

« Basse-Pointe, le 9 janvier 1834.

« *Signé* C. GÉRARD. »

subit double condamnation , l'une à cinq ans de surveillance, comme présent aux débats ; l'autre à mort par contumace. Il sembla que la Providence eût frappé d'aveuglement les ministres sans doute involontaires de ces sanglantes vengeances.

Dans le procès entrèrent pêle-mêle tous ceux qui avaient attiré sur leur tête des ressentimens anciens ou récens ; tous ceux qui étaient *suspects d'influence* sur la classe de couleur ; Auguste-Eugénie, propriétaire-électeur, et qui avait prétendu exercer ses droits électoraux ; Léonce, dont l'arrestation émut la ville de Saint-Pierre, et dont la tête a été demandée pour des complots *qu'a dû faire supposer* SA CORRESPONDANCE DE 1824; Vincent Lubin, Misoli, correspondans d'un cercle littéraire établi par les hommes de couleur sous les yeux de l'autorité; Joseph-Albert, déporté de 1823; Rosemond, Fréjus, Salomon Laboulique ; ce dernier arrêté dit-on dans son lit, et qui apparemment n'avait pas pris part *à l'insurrection ;* tous trois devant expier l'inimitié de Lasserre. Pourrions-nous énumérer tous les autres ?

Malheureuse Martinique! terre privilégiée des supplices! En 1831, vingt-six conspirateurs pendus en un seul jour! Aujourd'hui quarante-un condamnés à mort en un seul jour pour conspiration! Colons imprudens autant qu'inhumains, vous démoralisez l'échafaud....

Quels tristes souvenirs et quelles pages sanglantes dans votre histoire, *dans la vôtre seulement.* « Voilà dans l'es-
« pace de douze ans quatre secousses qui ont mis cette île
« à deux doigts de sa perte. Ne parlons pas de perturba-
« tions d'un moindre danger qui empêchent périodique-
« ment l'échafaud de chômer, et nécessitent sa perma-
« nence sur la place Bertin, curieux monument sans doute
« pour une promenade publique! Commissions militaires,
« cours prévôtales, cours d'assises, ont envoyé des cada-
« vres par vingt et par trente à la fois au cimetière de la

« Grosse-Roche (1) et couvert en même temps la terre
« étrangère de proscrits (2). A côté de la Martinique, à
« trente lieues de distance, la Guadeloupe, avec les mêmes
« lois, les mêmes institutions, les mêmes préjugés; la
« Guadeloupe dont les esclaves ont été soldats de la répu-
« blique, dont les esclaves ont connu la liberté, même
« dans sa licence; la Guadeloupe, dans les mêmes douze
« ans, n'offre pas une condamnation à mort pour délit po-
« litique! De loin en loin, quelques agitations s'y sont ma-
« nifestées, mais sans effet de destruction. C'est un simple
« reflux des désordres de la Martinique, qui vient jeter de
« l'écume sur les rivages de sa voisine. » (*Revue des colonies*, n° 3.)

Disons plus encore; à la Martinique même, toutes les
autres contrées de l'île sont aujourd'hui paisibles, et leur
tranquillité n'a pu même être compromise par les événemens de la Grand'Anse. Dans ce quartier seul, ou au moins
principalement, vivent encore ces haines meurtrières, ces
préjugés implacables, ce profond mépris des lois et de l'humanité, auxquels on dut les proscriptions de 1823, et l'insurrection de la Grand'Anse en 1833, comme pour réaliser
ce mot fameux et cruel : *Il faut tous les dix ans une pen-
daison de mulâtres.*

Dans les colonies anglaises aussi, à Sainte-Lucie, à la

(1) Le cimetière de la Grosse-Roche, réservé aux suppliciés, est au pied
d'un morne, sur le sable, au bord de la mer, dont le flot a souvent déterré
les cadavres fraîchement jetés dans des fosses peu profondes. La chaîne des
condamnés vient bien vite, avec quelques pelletées de sable, rejeter cet
appel d'une nouvelle forme, mais qui est le seul permis aux esclaves, des
arrêts de mort rendus contre eux.

(2) C'est durant la période sanglante à laquelle on fait ici allusion, que le
bourreau, las un jour de couper tant de têtes (les exécutions se faisaient avec
la hache sur un billot), se coupa le doigt à lui-même, pour n'être plus forcé
d'exercer son triste ministère, et se pendit plus tard.

Dominique, à la Barbade, à Tabago, Saint-Vincent, Trinidad, etc., voit-on ces déplorables collisions? Non. Pourquoi, dès qu'il y a dans ces colonies comme dans les nôtres des hommes de couleur de même origine, en même position, en mêmes rapports sociaux, en contact journellement avec les hommes de couleur de nos colonies? C'est que là les blancs ne sont ni conspirateurs ni provocateurs. C'est que, bien loin d'exaspérer les mulâtres par des vexations systématiques, par des actes de perfidie et d'inhumanité, ils leur reconnaissent tous les droits ou garanties accordés par les lois, partagent avec eux les emplois et honneurs publics, et les admettent, dans la vie privée, à toutes les distinctions sociales.

O blancs de la Martinique, non pas parmi vous ceux qui sont bons, humains, amis des lois et de leurs semblables; mais ceux chez qui le préjugé absorbe la raison, au point que la justice et l'humanité ne soient plus rien à leurs yeux; c'est à ceux-là que sont dus les maux de votre pays, ses déchiremens, ses continuelles réactions de sang, son état de guerre perpétuelle, de guerre d'extermination, *de guerre plus que civile!*

Quant aux mulâtres que vous calomniez, amis des lois et de l'ordre, reconnaissans de leur récente émancipation, confians dans son avenir, ils ne conspirent pas, vous le savez bien; et peut-être c'est vertu.... Écoutez le vieil écrivain. On dirait qu'il a parlé pour la situation :

« Voir un nombre infini, non pas obéir, mais servir, non
« pas estre gouvernez, mais tyrannisez; n'ayants ny biens,
« ny parents, ny enfants, ny leur vie même qui soit à
« culx! Souffrir les pilleries, les paillardises, les cruautez,
« non pas d'une armée, non pas d'un camp barbare,
« contre lequel il faudrait despendre son sang et sa vie
« devant; mais d'un seul! non pas d'un Hercules ny d'un
« Samsom; mais d'un seul hommeau, et le plus souvent

« du plus lâche et fémenin de la nation ; non pas accous-
« tumé à la pouldre des batailles ; mais encores à gránd'-
« peine au sable des tournois ; non pas qui puisse par force
« commander aux hommes , mais tout empesché de servir
« vilement à la moindre femmelette ! » (*De la servitude
volontaire*, discours d'Estienne de la Boëtie , recueilli par
Montaigne).

C'est là sans doute la peinture exacte de la société coloniale , la situation et la valeur respectives des mulâtres et
de vous ; eux, forts, nombreux, appuyés s'ils le voulaient
sur une immense population noire ; vous, en petit nombre,
isolés, dépérissant sous le soleil des tropiques.

Eh bien ! les mulâtres ne conspirent pas, et vous leur
devez de vivre ! Il faut répéter à satiété ce que vous re-
fusez d'entendre et de voir.

Courbés sous vos oppressions, ils ont plus de constance
à souffrir, que vous d'ardeur à persécuter ; plus de gé-
nérosité, que vous de haine ; plus d'horreur du sang et
des guerres civiles, que vous d'insouciance à déchirer le
sein de la patrie. Depuis long-temps leur devise est, fusion,
fraternité, oubli. Aujourd'hui encore, si cet appel devait être entendu ; si ce procès de la Grand'Anse, dernier
paroxisme de leurs souffrances, devait être le dernier
martyre de leur cause, c'est sans compter de toutes ces
têtes jetées au bourreau, qu'ils souscriraient le pacte
d'union et d'oubli.

Heureux ces opprimés, tout haletant des longues persécutions qu'ils ont subies, de se reposer enfin dans la paix
et la concorde !

Heureux aussi leurs défenseurs, de déposer les récri-
minations, les plaidoyers acerbes, les paroles amères !

Ad. GATINE,

Avocat aux conseils du roi et à la Cour de cassation.